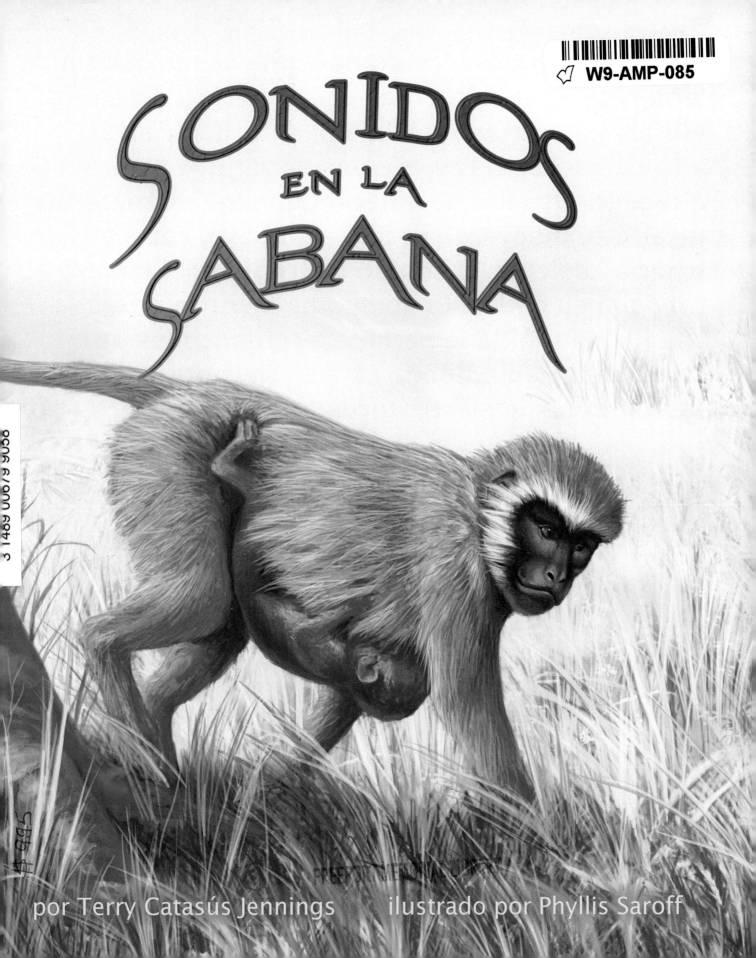

Sonidos en la Sabana

por Terry Catasús Jennings   ilustrado por Phyllis Saroff

El crepúsculo besa las praderas de la sabana. Un león ruge. Largas cuerdas vocales en su garganta vibran hacia atrás y hacia adelante, hacia atrás y hacia adelante. Las cuerdas hacen que el aire alrededor de ellas se mueva. Cuando una molécula de aire se mueve, su vecino se mueve, hacia atrás y hacia adelante. El sonido del rugido del león se propaga en ondas. Es como una piedrita arrojada al agua. El rugido le permite a otros leones de su manada saber donde está él. Auyenta a los extraños de su territorio.

Desde un lago a millas de distancia, una leona responde. Su respuesta es transmitida sobre el agua. Aún es temprano y el sonido viaja con claridad. Una manada de ñus, escuchan el rugido desde el otro lado del lago. Suena como si la leona estuviera junto a ellos.

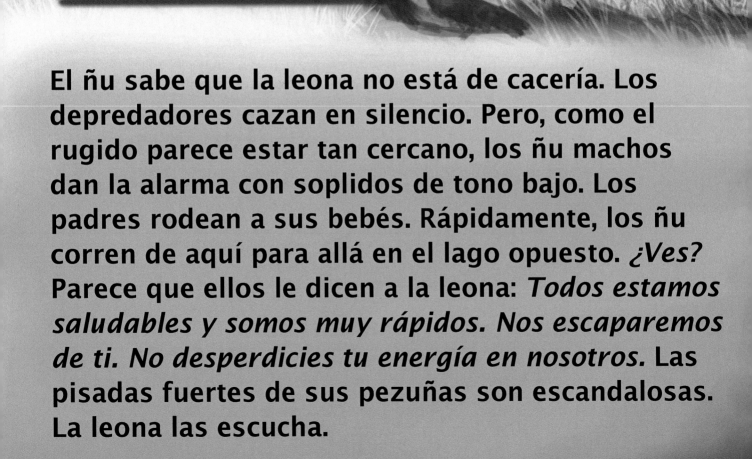

El ñu sabe que la leona no está de cacería. Los depredadores cazan en silencio. Pero, como el rugido parece estar tan cercano, los ñu machos dan la alarma con soplidos de tono bajo. Los padres rodean a sus bebés. Rápidamente, los ñu corren de aquí para allá en el lago opuesto. *¿Ves?* Parece que ellos le dicen a la leona: *Todos estamos saludables y somos muy rápidos. Nos escaparemos de ti. No desperdicies tu energía en nosotros.* Las pisadas fuertes de sus pezuñas son escandalosas. La leona las escucha.

El sol sale sobre la sabana. Los elefantes en el charco de agua sienten el peligro. Ellos reúnen a sus bebés muy juntos y trompetean. Sus sonidos son fuertes—llenos de energía—y de tono alto. Ellos también braman—sonidos de tono bajo que viajan lejos, muy lejos. Otros elefantes pueden percibir estos bramidos a millas de distancia. La mayoría de otros animales no pueden escucharlos aún si están cerca.

El sol de media mañana calienta la sabana. Monos verdes andan saltando por encima del suelo de la pradera. A lo largo del camino, ellos comen higos, hojas, semillas, huevos, insectos y ocasionalmente, polluelos pequeños. Ellos guardan semillas y nueces en las bolsas de sus mejillas para comérselas más tarde. Anoche, la tropa durmió en árboles del alrededor de la sabana. Esta noche ellos regresarán, pero, por ahora, disfrutan su tiempo en las praderas.

Un mono verde espía un águila.

K-kawh, él grita. Su llamado es fuerte para que el resto de la tropa pueda escucharlo. Ellos se esconden entre los arbustos bajos y la maleza. El águila se va hambrienta.

¡*K-cheu!* Otra alarma. Un sonido diferente pero igual de fuerte. Varios monos se juntan en contra de una serpiente. La tropa se aleja de otro depredador.

El sol de medio día arremete sobre la sabana. Los babuinos han bajado de los rocosos riscos hacia las praderas. Ellos se alimentan. Comen raíces y pasto, insectos, huevos de aves, y pequeños vertebrados. Algunas veces, hasta se comen pequeños babuinos.

Un pequeño babuino queda a la deriva lejos de su madre. Un babuino macho hambriento, visitando a la tropa, la ve y la sigue.

En las manos del extraño, la joven babuino chilla. Su llanto en tono alto alerta a su propia tropa para que venga al rescate. Muy pronto, la bebé está de nuevo con su madre. Los babuinos descansan. Ellos se acicalan unos a otros. El sonido de gruñidos suaves y de tono bajo surgen de la tropa. Todos seguros.

El sol de media tarde hornea la sabana. Zebras sedientas beben al borde del agua. Un olor familiar llena el aire quieto—un aroma aterrador.

¡Heeaw, heeaw, heeaw! Una zebra da la alarma fuerte y de tono alto.

La manada corre. ¿Serán ellos capaces de proteger a sus bebés del leopardo?

El sol se pone sobre la sabana. Ratones espinosos se escabullen a través del pasto dorado buscando alimento.

Una lechuza tiene la misma idea. Ella se lanza en picada entre el pasto y agarra a uno de los diminutos ratones entre sus garras. Un chillido de tono alto escapa de la garganta del ratón espinoso. El resto de los ratones se dispersan, temblorosos del susto.

Pero, la idea de la lechuza no funcionó. La frágil piel del ratón se desgarra. Cuando la lechuza se eleva, el diminuto ratón cae al piso. Solamente un pedazo escamoso de piel cuelga de las garras mortíferas de la lechuza. El ratón espinoso está a salvo. Mañana, su piel le empezará a crecer de nuevo, con pelaje y todo.

La noche ha caído sobre la sabana. Los cazadores están en la ronda. Un murciélago de alas amarillas vuela lejos de su percha, buscando presa. Su bebé cuelga de ella, aprendiendo a cazar. El murciélago hace sonidos de tono muy alto. Otros murciélagos pueden escuchar los sonidos del tintineo. Algunos de los insectos que a los murciélagos les gusta comer también pueden escucharlos. Muchos animales no escuchan nada.

Cuando el sonido ondula, golpea algo con fuerza y las ondas rebotan de regreso. Los ecos alcanzan a las grandes orejas de los murciélagos y los guían hacia su presa. Después de una noche de cacería, la murciélago y su bebé regresan a su percha con barrigas llenas.

La luna se levanta sobre la sabana. Una leona acecha. Ni un silbido sale de su garganta. Ella no hace ningún ruido, caminando en silencio sobre sus almohadillas, escondida bajo el pasto alto. Ella sorprende a una manada de gacelas. En un salto, ella tiene comida para sus bebés. El suave ronroneo desde su guarida da la bienvenida a sus oídos cuando ella se acerca.

Los cachorros del león comen. Ellos se estiran.
Es tiempo de estar en silencio en la sabana.

Para las mentes creativas

Ondas de sonidos

El sonido empieza con movimiento. Una molécula vibra— se mueve rápidamente hacia atrás y hacia delante. Choca contra la molécula que está a su lado y envía una vibración. Las moléculas de aire se mueven. La vibración se propaga alejándose del punto de partida en ondas, como cuando tú dejas caer una piedrita en el agua.

Dentro de las orejas hay pequeños vellos, muy pequeños de ver sin un microscopio. Cuando una onda de sonido los toca, vibran. El cerebro comprende la vibración como sonido.

Mientras el sonido se mueve fuera de su punto de inicio, las vibraciones hacen un patrón ondulado. Las ondas tienen dos características: amplitud y frecuencia.

Amplitud es la altura de la onda. En ondas sonoras, esto es el **volumen**. El volumen indica cuánta energía vibracional es un sonido. Sonidos de alto volumen son fuertes. Sonidos de bajo volumen son tranquilos.

La frecuencia es la distancia desde la cima de una onda hasta la cima de la siguiente onda. Este es el **tono** de un sonido. El tono agudo se hace cuando las partículas vibran muy rápidamente y las ondas están juntas. El tono grave se hace cuando las partículas se mueven más lentamente y las olas están espaciadas.

Todo sonido tiene ambas características: tono agudo o tono grave y volumen alto o bajo. Mira a estas ondas de sonido y piensa en los animales que las hacen. ¿Qué clases de sonidos puedes hacer tú?

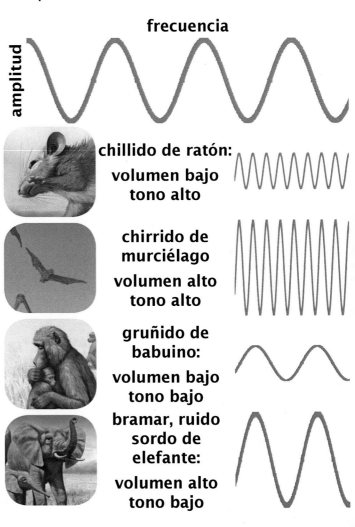

chillido de ratón:
volumen bajo
tono alto

chirrido de murciélago
volumen alto
tono alto

gruñido de babuino:
volumen bajo
tono bajo

bramar, ruido sordo de elefante:
volumen alto
tono bajo

Experimentos de sonidos

Siente las vibraciones

Empieza a hablar o a cantar una canción. Pon tu mano enfrente de tu boca. ¿Puedes sentir algún movimiento o vibraciones en el aire? Mientras estás hablando o cantando, utiliza la punta de tu dedo para tocar tus mejillas, labios, lengua, dientes, garganta y cuello. ¿Puedes decirme en dónde se siente la vibración más fuerte? ¡Ahí es donde tu sonido empieza!

Muchos animales, incluyendo los humanos, tienen pliegues vocales dentro de la laringe, la caja de la voz que se encuentra dentro de la garganta. Estos pliegues vocales también se llaman cuerdas vocales. Cuando tú hablas o cantas, empujas aire desde tus pulmones. El aire viaja por encima de los pliegues. Los músculos en la laringe mueves los pliegues vocales para controlar el tono y el volumen de lo que dices, tarareas, o cantas.

Haz vibraciones

Para este experimento, necesitarás:
* una pieza de cartón de por lo menos, seis pulgadas de largo
* tijeras
* ligas de diferentes tamaños: pequeñas y grandes, gruesas y delgadas
* un lápiz

Corta un agujero de tres pulgadas de ancho en tu cartón. Envuelve varias ligas alrededor del cartón. Desliza el lápiz debajo de las ligas para crear un "puente" que sostenga las ligas por encima del cartón. Jala cada liga sobre el agujero en el cartón.

¿Qué tipos de sonidos puedes hacer? ¿Hacen diferentes sonidos los distintos tipos de ligas? Utiliza tus dedos para estirar las ligas sobre el agujero. ¿Cambia el sonido?

Mira las vibraciones

Para este experimento, necesitarás:
* un recipiente de metal para mezclar alimentos
* envoltura de plástico
* sal
* cosas que puedas utilizar para hacer ruido

Coloca la envoltura de plástico sobre el recipiente de metal y tira con fuerza hacia los lados para que esté bien apretada. Esparce una fina capa de sal a través de la envoltura.

Ahora, ¡haz ruido! Toca el recipiente en los lados con tus dedos (no en el plástico) o con una cuchara. Choca dos objetos de metal, uno contra el otro. Aplaude con tus manos.

Observa la sal. ¿Qué sonidos hacen que la sal brinque? ¿Qué sonidos tienen pequeño o ningún efecto alguno?

Altos chirridos, bajos ruidos sordos

El tono del sonido que un animal puede hacer, depende de la longitud de sus cuerdas vocales. Los animales con cabezas grandes tienen cuerdas vocales largas y los animales con cabezas pequeñas tienen cuerdas vocales cortas. Un murciélago tiene una cabeza pequeña. Tiene cuerdas vocales cortas lo suficientemente pequeñas para que queden bien en sus diminutas gargantas. Las cuerdas vocales de un murciélago son tan pequeñas que solamente pueden vibrar rápidamente. Los murciélagos sólo hacen sonidos de tono alto.

Los murciélagos están activos durante la noche (nocturnos). Los murciélagos no son ciegos, pero cuando cazan insectos en la oscuridad, ellos dependen de su sentido del sonido más que de su sentido de la vista. Mientras el murciélago vuela, hace una serie de chirridos. Las ondas sonoras rebotan en los objetos cercanos como árboles, rocas o insectos. El gran oído del murciélago gira para cachar los ecos. El sonido que rebota de regreso le indica al murciélago acerca de lo que lo rodea. A este proceso se le llama **ecolocación**.

Un elefante tiene una cabeza grande. Esto significa que también tiene una garganta grande y que sus cuerdas vocales son largas. Estas pueden vibrar lentamente y hacer sonidos de tonos bajos. Los elefantes también pueden hacer sonidos de tonos altos achicando sus cuerdas vocales con los músculos de su laringe. Las cuerdas vocales largas permiten a los elefantes producir un amplio rango de sonidos.

Los elefantes viven en manadas. Ellos tienen más de 70 sonidos que pueden usar para hablar con otros elefantes. Ellos pueden gritar, rugir, bufar, chillar, llorar, trompetear y bramar. Así como las personas tienen diferentes voces, cada elefante tiene su propio bramido. Esto ayuda a la manada a reconocer a cada quien a la distancia. Los bramidos son muy altos, pero demasiado bajos de tono para que los humanos puedan escucharlos. El bramido de un elefante puede viajar millas.

Depredador o clasificación de presas.

Un depredador es un animal que caza a otros animales. Una presa es un animal que es cazado. Algunos animales son depredadores y presas. Muchos depredadores permanecen quietos para poder pasar desapercibidos ante los animales que están cazando. Algunos depredadores como los murciélagos, utilizan los sonidos para ayudarse a cazar presas. Algunos animales presas hacen ruido para auyentar a su depredador o para advertir a otros animales del peligro. Otros se esconden y permanecen quietos, esperando que el depredador no los encuentre.

Clasifica a los animales (al inferior en **negritas**) en depredador, presa o ambos. Las respuestas al inferior de la página.

1. Un **pitón** se desliza hacia su próximo alimento sin hacer un sólo ruido. Él envuelve a un joven mono y lo aprieta fuerte antes de empezar a comérselo.
2. Una **leona** se arrastra silenciosamente a través del largo pasto. Ella acecha a una gacela y se abalanza sobre ella.
3. Una **murciélago de alas amarillas** chilla en el tranquilo aire de la noche. El eco le indica a ella que un sabroso mosquito está cerca.
4. Una **zebra** ve a un leopardo al acecho en el pasto. El rebuzna y pisotea para alertar al resto de su manada.
5. Un **ratón espinoso** chilla de miedo cuando la hambrienta lechuza se precipita hacía él para agarrarlo.
6. Las suaves plumas de un **búho lechoso/o búho de Verreaux** no emiten sonido alguno mientras mueve sus alas. Ella ve a una mangosta y se lanza en picada hacia ésta para arrebatarla del suelo.
7. Una **elefante** trompetea cuando ella ve a una jauría de hienas. La manada forma un grupo cerrado de tal manera que los adultos puedan proteger a los jóvenes en el centro.
8. Una tropa de **babuinos** está cazando una gacela cuando uno de ellos ve a una leona merodeando. El babuino da una alarma fuerte. El resto de la tropa escucha la alerta y ellos trepan a un árbol para ponerse a salvo.
9. Una **ñu** no ve al león, pero esucha un llamado babuino que indica que hay un león cerca. Pisotea y empieza a correr. El resto de la manada la sigue lejos del león cazador.

Depredador: pitón, leona, murciélago de alas amarillas, y búho lechoso o de Verreaux
Presa: zebra, ratón espinoso, elefante, y ñu.
Ambos: babuino

Con agradecimiento a Stacy Graison, vicepresidente de Educación en el zoológico de Atlanta, por verificar la información en este libro.

Library of Congress Cataloging-in-Publication Data

Jennings, Terry Catasús, author.
  [Sounds of the savanna. Spanish]
  Sonidos en la sabana / por Terry Catasús Jennings ; ilustrado por Phyllis Saroff ; traducido por Rosalyna Toth en colaboracisn con Federico Kaiser.
    pages cm
  Audience: Ages 4-8.
  Includes bibliographical references.
  ISBN 978-1-62855-642-1 (spanish pbk.) -- ISBN 978-1-62855-652-0 (spanish downloadable ebook) -- ISBN 978-1-62855-662-9 (spanish interactive dual-language ebook) -- ISBN 978-1-62855-632-2 (english hardcover) -- ISBN 978-1-62855-637-7 (english pbk.) -- ISBN 978-1-62855-647-6 (english downloadable ebook) -- ISBN 978-1-62855-657-5 (english interactive dual-language ebook) 1. Savanna animals--Juvenile literature. 2. Animal communication--Juvenile literature. 3. Sound--Juvenile literature. 4. Sound-waves--Juvenile literature. I. Saroff, Phyllis V., illustrator. II. Toth, Rosalyna, translator. III. Kaiser, Federico, translator. IV. Title.
  QL115.3.J4618 2015
  591.59--dc23
                              2015009012

Título original en Inglés: **Sounds of the Savanna**
Traducido por Rosalyna Toth en colaboración con Federico Kaiser

Bibliografía:
Cawthon Lang KA. 2006 January 3. Primate Factsheets: Vervet (Chlorocebus) Behavior . <http://pin.primate.wisc.edu/factsheets/entry/vervet/behav>. Accessed 2013 November 18.
Cormier, Zoe. "African spiny mice can regrow lost skin." Nature. 26 September 2012. Accessed 2013 November 18. <http://www.nature.com/news/african-spiny-mice-can-regrow-lost-skin-1.11488>.
Fenton, M.B., Bats. Checkmark Books, 1992
Giancoli, Douglas C. Physics, Principles with Applications, Fifth Edition. New Jersey: Prentice Hall, 1998.
Kaufman, Rachel. "Zebra Stripes Evolved to Repel Bloodsuckers?" National Geographic. Published February 9, 2012. Accessed October 21, 2014.
"The Larynx." UCLA. Accessed 2013 November 18. <http://www.linguistics.ucla.edu/people/ladefoge/manual%20files/chapter8.pdf>.

Elaborado en los EE.UU.
Este producto se ajusta al CPSIA 2008

Arbordale Publishing
Mt. Pleasant, SC 29464
www.ArbordalePublishing.com